LUCA GARBINETTO

DIÁCONOS
EN UNA IGLESIA SINODAL

CELAM
CONSEJO EPISCOPAL
LATINOAMERICANO Y CARIBEÑO

Editorial
Claretiana

PUBLICACIONES
CLARETIANAS

CLARET
PUBLISHING GROUP

Bangalore • Barcelona • Buenos Aires • Chennai • Colombo
Dar es Salaam • Hong Kong • Lagos • Madrid • Macao • Manila
Owerri • São Paulo • Warsaw • Yaoundè

Dirección de colección: Serena Noceti y Rafael Luciani
Diseño de interior y tapa: Equipo Editorial Claretiana

Con las debidas licencias eclesiásticas.

© Consejo Episcopal Latinoamericano y Caribeño CELAM
   Avenida Boyacá N.° 169D-75 - Código postal 111166
   PBX: 601 484 5804
   celam@celam.org - www.celam.org

© Editorial Claretiana, 2024
   EDITORIAL CLARETIANA
   Lima 1360 – C1138ACD, Ciudad de Buenos Aires, Argentina
   Tel.: (54 11) 4305-9510 – contacto@claretiana.org – www.tiendaclaretiana.com.ar

© Publicaciones Claretianas, 2025
   Juan Álvarez Mendizabal, 65 dupdo, 3º, 28008 Madrid, España
   Tel.: 915 401 267 – publicaciones@publicacionesclaretianas.com
   comercial@publicacionesclaretianas.com – www.publicacionesclaretianas.com

ISBN: 978-84-7966-813-6
Depósito Legal: M-3950-2025

Impreso en España - Printed in Spain
Imprime: Estugraf

ÍNDICE

Índice de siglas 4

Introducción *a los Cuadernillos de sinodalidad* 5

PRIMERA PARTE
Diáconos en una Iglesia sinodal... 9

Introducción 9

1. Recorrido histórico 11

2. Perfil teológico 17

3. Perspectivas pastorales 25

4. Discernimiento, formación y espiritualidad.............................. 33

Conclusión 37

SEGUNDA PARTE
INICIACIÓN A LA SINODALIDAD 38

Un camino para recorrer juntos 38

FICHA 1. CONVERSIÓN SINODAL para la reflexión personal............. 39

FICHA 2. RENOVACIÓN DE LA VIDA ECLESIAL
EN PERSPECTIVA SINODAL para un consejo pastoral diocesano
o un consejo presbiteral o todo un presbiterio.................................... 43

FICHA 3. REFORMA PASTORAL. Dos propuestas............................. 45

BIBLIOGRAFÍA BÁSICA 47

ÍNDICE DE SIGLAS

CTI, *Sin* Comisión Teológica Internacional,
La sinodalidad en la vida y en la misión de la Iglesia

DP Documento preparatorio del Sínodo 21/24

QA Querida Amazonia

EG *Evangelii gaudium*

UR *Unitatis redintegratio*

LG *Lumen gentium*

AAS *Acta Apostolicae Sedis*

Ag *Ad gentes*

AS *Acta Synodalia Vaticano II*

DV *Dei Verbum*

CD *Christus Dominus*

EN *Evangelii nuntiandi*

ApS *Apostolos suos*

AA *Apostolicam actuositatem*

EC *Episcopalis communio*

INTRODUCCIÓN
A LOS CUADERNILLOS
DE SINODALIDAD

Escanea este código QR para
conocer más acerca de la colección.

Desde el inicio de su pontificado, el papa Francisco convocó a la Iglesia a seguir un camino de renovación y reforma misionera y sinodal. Trabajando primero con cambios en la práctica de la celebración de los Sínodos de los Obispos, y luego ofreciendo motivaciones y orientaciones en discursos y documentos, particularmente en la constitución *Episcopalis communio*, nos invita a madurar una visión sinodal de Iglesia, porque "el camino de la sinodalidad es el camino que Dios espera de la Iglesia del tercer milenio"[1].

En 2021 se inició un complejo y articulado proceso sinodal: un Sínodo sobre la Sinodalidad que —a partir de la escucha en las diócesis de todo el mundo y a través de una fase continental y dos asambleas en Roma— está implicando a todos los fieles y a todas las iglesias locales del mundo[2].

El *Informe de síntesis* de la Asamblea sinodal de octubre de 2023 incluye entre sus peticiones la de llegar a una definición más precisa de la sinodalidad. En efecto, los estudios realizados desde la década de 1990 y los numerosos publicados en los últimos diez años presentan diferentes maneras de entender el concepto de "sinodalidad" y hacen hincapié en distintos elementos y perspectivas a la hora de pensar en la "Iglesia sinodal". Como señalan muchos autores, el término "sinodalidad" no pertenece al vocabulario del Concilio Vaticano II ni está presente en el Código de Derecho Canónico de 1983.

El documento de 2018 de la Comisión Teológica Internacional *La sinodalidad en la vida y misión de la Iglesia* nos ofrece una visión de conjunto del tema, dividida en cuatro partes, dedicadas respectivamente al tema en la Escritura, la Tradición

---

1. FRANCISCO, *Discurso con motivo de la Conmemoración del 50 aniversario de la Institución del Sínodo de los Obispos*, 17 de octubre de 2015: AAS 107 (2015) 1139.
2. Todos los materiales están disponibles en <www.synod.va>.

y la Historia (primera parte); a los fundamentos teológicos en el horizonte de la eclesiología del Vaticano II (segunda parte); a las orientaciones pastorales para la realización de una pastoral sinodal y para la necesaria conversión y espiritualidad (partes tercera y cuarta). Este documento constituye un valioso punto de referencia para todos, para los teólogos, para los obispos y presbíteros, para todos los bautizados y bautizadas que emprenden este laborioso y valioso camino sinodal. En los últimos años se han publicado numerosos textos teológicos, libros y artículos en muchas lenguas dedicados al tema de la sinodalidad, que han permitido profundizar en cuestiones históricas, litúrgicas y pastorales. Cada vez es más necesario profundizar en este tema no solo con textos científicos, dirigidos a expertos, sino con subsidios ágiles y populares que ayuden a todos a ser sujetos activos en el camino; como decía Ignacio de Antioquía en el siglo II, para que todos sean *synodoi*, es decir, "compañeros de viaje, en virtud de su dignidad bautismal y amistad con Cristo"[3].

Así surgió la idea de los *Cuadernillos de Sinodalidad*: ofrecer libros breves, escritos por expertos, que combinen una reflexión teológico-sistemática esencial sobre distintos aspectos de la sinodalidad con sugerencias operativas, para la reflexión personal y la renovación pastoral, que permitan "llegar a ser una Iglesia sinodal". En efecto, para comprender lo que significa ser una "Iglesia sinodal" no basta con aprender teóricamente, con leer documentos o manuales, sino que es necesario implicarse activamente y aprender *en la praxis* y *desde la reflexión sobre la praxis* en qué consiste, qué implica y, en definitiva, qué significa la sinodalidad.

La perspectiva adoptada es la de una "iniciación a la sinodalidad". En la iniciación cristiana de los adultos, junto al *camino del conocimiento y la comprensión de la doctrina*, de los contenidos de la fe, los catecúmenos son conducidos a "hacerse cristianos" siguiendo el *camino de la oración* (aprender el lenguaje litúrgico experimentándolo), el *camino de la vida comunitaria* y el *camino del servicio del amor*, que está en el corazón de la conversión moral. Del mismo modo, después de recibir los sacramentos de la iniciación cristiana, en el tiempo de la *mistagogía* se comprende profunda y vitalmente lo que ha tenido lugar porque se vive un período de "aprendizaje", en el que la novedad que ha generado el sacramento llega a confrontarse con la vida concreta y con la Palabra de Dios que la ilumina. Llegar a ser "Iglesia sinodal" requiere una "iniciación a la sinodalidad" que implica

---

3. COMISIÓN TEOLÓGICA INTERNACIONAL, *La sinodalidad en la vida y la misión de la Iglesia*, n° 25.

a cada cristiano y a las comunidades en su conjunto: es una experiencia que hay que vivir y una experiencia sobre la que hay que reflexionar. Uno se convierte en *sýnodoi* y en "Iglesia sinodal" si vive de esta manera, convirtiéndose cada vez más profundamente a esta perspectiva y transformando nuestras comunidades en esta dirección. Se llega a ser sinodal construyendo comunidades sinodales: la conversión, la renovación y la reforma están estrechamente relacionadas; no hay una sin la otra. No se trata solo de tener buenas ideas sobre la sinodalidad para aplicarlas; maduran en la medida en que se viven y se apoyan en estructuras y formas organizativas adecuadas.

Por eso, cada *Cuadernillo de Sinodalidad* se divide en dos partes:

» un tratamiento del tema ("Pensar - Comprendiendo la sinodalidad") que identifica hitos, recogiendo lo que han escrito biblistas, teólogos, pastoralistas, que examina retos y cuestiones abiertas y los aborda a la luz de la Escritura y de los documentos del Magisterio;

» una parte ("Iniciación a la sinodalidad") que ofrece propuestas concretas en tres líneas interconectadas: *conversión* sinodal (una propuesta de reflexión y oración a realizar personalmente), *renovación* eclesial en perspectiva sinodal (una propuesta de experiencia a vivir en una comunidad, parroquia, etc.) y *reforma* sinodal (una o dos propuestas para crear o cambiar estructuras pastorales de modo que sean real y efectivamente sinodales).

En la lógica de la "iniciación a la sinodalidad", en los Cuadernillos se profundizará acerca de los *sujetos*, las *dinámicas* dentro de una Iglesia sinodal y las *estructuras* necesarias. El primer Cuadernillo (n° 0), redactado por los dos editores Rafael Luciani y Serena Noceti, ofrece una visión general del tema de la sinodalidad.

Cada cuadernillo puede ser leído-utilizado por sí mismo, o puede formar parte de un itinerario formativo, "iniciático", para una comunidad religiosa, una parroquia, una diócesis, uniendo varios cuadernillos según las diferentes sensibilidades o necesidades pastorales de una comunidad cristiana. Por ejemplo, una parroquia podría crear un itinerario uniendo los *Cuadernillos* sobre los laicos, sobre el *sensus fidei* y la participación, sobre la parroquia sinodal; un consejo presbiteral podría encontrar útil reflexionar sobre el ministerio ordenado, sobre el poder y la autoridad, sobre el seminario o sobre la reforma del derecho canónico, etc.

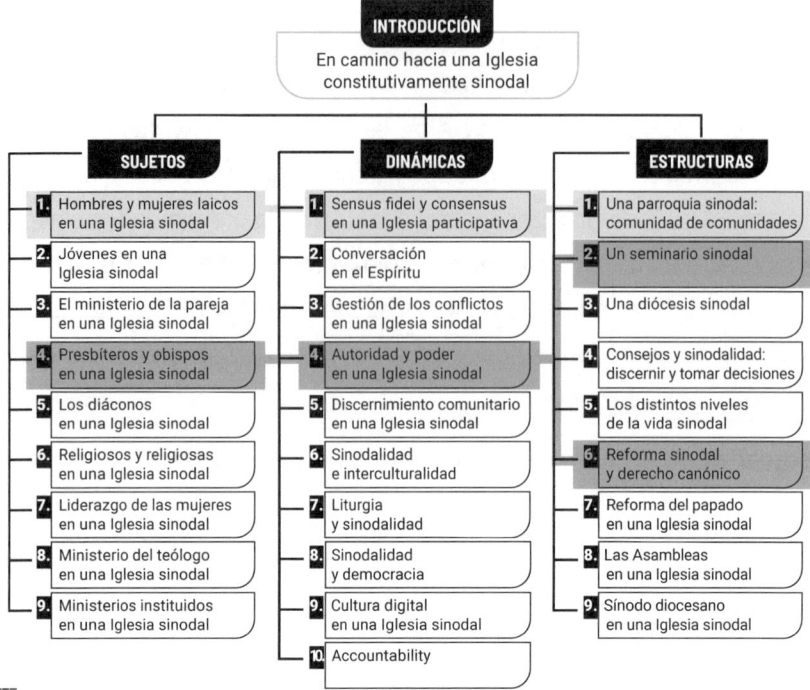

INTRODUCCIÓN
En camino hacia una Iglesia constitutivamente sinodal

SUJETOS

1. Hombres y mujeres laicos en una Iglesia sinodal
2. Jóvenes en una Iglesia sinodal
3. El ministerio de la pareja en una Iglesia sinodal
4. Presbíteros y obispos en una Iglesia sinodal
5. Los diáconos en una Iglesia sinodal
6. Religiosos y religiosas en una Iglesia sinodal
7. Liderazgo de las mujeres en una Iglesia sinodal
8. Ministerio del teólogo en una Iglesia sinodal
9. Ministerios instituidos en una Iglesia sinodal

DINÁMICAS

1. Sensus fidei y consensus en una Iglesia participativa
2. Conversación en el Espíritu
3. Gestión de los conflictos en una Iglesia sinodal
4. Autoridad y poder en una Iglesia sinodal
5. Discernimiento comunitario en una Iglesia sinodal
6. Sinodalidad e interculturalidad
7. Liturgia y sinodalidad
8. Sinodalidad y democracia
9. Cultura digital en una Iglesia sinodal
10. Accountability

ESTRUCTURAS

1. Una parroquia sinodal: comunidad de comunidades
2. Un seminario sinodal
3. Una diócesis sinodal
4. Consejos y sinodalidad: discernir y tomar decisiones
5. Los distintos niveles de la vida sinodal
6. Reforma sinodal y derecho canónico
7. Reforma del papado en una Iglesia sinodal
8. Las Asambleas en una Iglesia sinodal
9. Sínodo diocesano en una Iglesia sinodal

––––––
(*) Ejemplos de "itinerarios formativos" para distintas comunidades/realidades eclesiales.
En este caso, para una parroquia y para un consejo presbiteral.

La propuesta de los *Cuadernillos* pretende conjugar un tratamiento orgánico de las cuestiones y temas más relevantes para ofrecer una visión lo más completa posible de la materia, con la flexibilidad y sencillez de uso: cada consejo pastoral, cada párroco, cada obispo, cada superior religioso puede encontrar sugerencias y materiales que respondan y se adecuen a las necesidades específicas y diversas de la comunidad de la que son animadores y responsables.

Como nos recuerda el documento de la Comisión Teológica Internacional sobre la sinodalidad, citando al papa Francisco,

> Caminar juntos [...] es el *camino constitutivo de* la Iglesia; *la figura* que nos permite interpretar la realidad con los ojos y el corazón de Dios; *la condición* para seguir al Señor Jesús y ser servidores de la vida en este tiempo herido. El aliento y el paso sinodal revelan lo que somos y el dinamismo de comunión que anima nuestras decisiones. Solo en este horizonte podremos renovar verdaderamente nuestra pastoral y adaptarla a la misión de la Iglesia en el mundo de hoy; solo así podremos afrontar la complejidad de este tiempo, agradecidos por el camino recorrido y decididos a continuarlo con *los feligreses* (n. 120).

Serena Noceti - Rafael Luciani

PRIMERA PARTE
DIÁCONOS EN UNA IGLESIA SINODAL

Escanea este código QR para conocer más acerca de este Cuadernillo.

INTRODUCCIÓN

La diaconía es una dimensión constitutiva del ser cristiano. Todo bautizado está llamado a vivir el servicio, siguiendo el ejemplo de Jesús en la última cena: *"Si yo, el Maestro y el Señor, os he lavado los pies, también vosotros debéis lavaros los pies los unos a los otros. Porque ejemplo os he dado, para que como yo he hecho, vosotros también hagáis"* (Jn 13,14-15). Este mandato no concierne sólo a los apóstoles y a sus sucesores, sino a todo discípulo de Cristo y a toda la Iglesia.

En su Providencia, Dios quiso que la Iglesia misma tuviera en su seno una presencia sacramental que fuera memoria y estímulo para que todos vivieran esta vocación común: los diáconos. La relación de síntesis de la primera sesión ordinaria del Sínodo, celebrada en octubre de 2023, considera acertadamente esta figura ministerial en estrecha conexión con los presbíteros. Pero, al mismo tiempo, afirma que *"desde un punto de vista teológico, surge la necesidad de entender el diaconado ante todo en sí mismo, y no solo como una etapa de acceso al presbiterado"*[4]. Esta es la intención de este *"Cuadernillo"*, que se hace eco de la cuestión presentada por el *Instrumentum laboris* del Sínodo:

> ¿Cómo entender el ministerio del diaconado permanente dentro de una Iglesia sinodal misionera?[5]

---

4. *Informe resumido de la primera sesión de la XVI Asamblea General Ordinaria del Sínodo de los Obispos (4-29 de octubre de 2023) y resultados de las votaciones*, 28 de octubre de 2023, n. 11h, en <https://www.synod.va/content/dam/synod/assembly/synthesis/spanish/2023.10.28-ESP-Synthesis-Report_IMP.pdf>.

5. XVI ASAMBLEA GENERAL ORDINARIA DEL SÍNODO DE LOS OBISPOS, *Instrumentum laboris para la Primera Sesión* (octubre 2023), n. B2.4; en <https://press.vatican.va/content/salastampa/it/bollettino/pubblico/2023/06/20/0456/01015.html#es>.

El diaconado ha existido siempre en la comunidad cristiana, y nunca ha desaparecido a lo largo de los siglos, incluso cuando diversos acontecimientos históricos y eclesiales han difuminado su perfil, haciéndolo menos evidente en la dinámica pastoral de las iglesias locales. La presencia de los diáconos está probada por el testimonio neotestamentario ya en las primeras comunidades fundadas por los apóstoles. Sin embargo, en un determinado momento del camino de la Iglesia a lo largo de los siglos, la forma "permanente" del ministerio desapareció, ya que el servicio ministerial se transformó en un *"cursus honorum"* paralelo al que existía en las sociedades imperiales de la Edad Media. Sin embargo, en su forma "transitoria" o "transeunte" (es decir, de paso) hacia el grado superior del sacerdocio, el diaconado nunca ha desaparecido.

Al Concilio Vaticano II le tocó restaurar el diaconado en su forma más oportuna, devolviéndolo a la Iglesia como forma permanente de vivir la vocación al servicio dentro del sacramento del orden. Así reza el número 29 de la constitución dogmática *Lumen gentium*, texto fundamental para comprender la nueva época del diaconado en la Iglesia contemporánea:

> En un rango inferior de la jerarquía se encuentran los diáconos, a quienes se imponen las manos "no para el sacerdocio, sino para el ministerio". En efecto, sostenidos por la gracia sacramental, en la "diaconía" de la liturgia, la predicación y la caridad sirven al pueblo de Dios, en comunión con el obispo y su presbiterio.

Se ha iniciado así un proceso de renovación, en el contexto de la visión eclesiológica de los Padres conciliares, que continúa desarrollándose hoy con momentos de entusiasmo y períodos de ralentización, pero que ya no puede retroceder. Según la LG 29, *"este diaconado puede ser conferido a hombres de edad madura, incluso viviendo en matrimonio, y también a jóvenes idóneos, para quienes, sin embargo, debe permanecer firme la ley del celibato"*. De hecho, esto es lo que ha sucedido, ya que la gran mayoría de los diáconos de la Iglesia actual son hombres casados, trabajadores o jubilados, caracterizados por una configuración social y un estilo de vida similares a los de los bautizados laicos. Por otra parte, para esto existe el diaconado: para reconocer, promover, animar y formar el carisma de la diaconía común propia de todo bautizado en las comunidades cristianas, como rasgo constitutivo e identificador de una Iglesia que quiere ser fiel al mandato y al estilo de su Esposo y Señor: hacerse sierva de todos, "¡para salvar a alguien a toda costa!" (1Cor 9,22).

1. **RECORRIDO** HISTÓRICO

Para comprender el valor y el significado de la presencia de los diáconos en una Iglesia que quiere manifestar su rostro sinodal, es útil comenzar con un breve excursus histórico.

1.1. Nuevo Testamento

Los autores de los textos neotestamentarios recurren a terminología de contextos no religiosos para describir algunas de las funciones más significativas dentro de las nacientes comunidades cristianas. Así, a sus responsables se les denomina *epíscopos* (es decir, supervisores) o *presbíteros* (es decir, ancianos), e incluso *diáconos* (generalmente, servidores de la mesa).

En la Sagrada Escritura, sin embargo, el vocabulario ministerial es muy fluido e impreciso. A menudo, un término utilizado hoy de manera técnica, en la antigüedad no tenía el mismo significado. En los escritos del Nuevo Testamento, el verbo διάκονεω aparece nada menos que 37 veces; el sustantivo διάκονος 29, de las cuales 21 solo en Pablo; la palabra διακονία se menciona 34 veces[6]. El ámbito conceptual que se desarrolla en torno a estos términos se refiere al área semántica del servicio: διάκονος puede significar "el que sirve en la mesa"[7], "el servidor del Señor"[8]; "servidor de un poder divino"[9]; "servidor del Evangelio, de Cristo, de Dios"[10].

A partir de Ireneo y según el rito de ordenación, el acontecimiento de la institución de los "siete" descrito en el pasaje de los Hechos de los Apóstoles (6,1-6)

---

6. Cf. G. Bellia, *Diaconia/Diaconate*, en G. De Virgilio (ed.), *Dizionario Biblico della Vocazione*, Ed. Rogate, Roma 2007, 209-218.

7. Cf. Jn 2,5.

8. Cf. Mt 22,13; Jn 12,26; Mc 9,35; 10,43; Mt 20,26; 23,11.

9. Cf. 2Cor 11,23.

10. Cf. 2Cor 11,14; Ef 3,6; Col 1,23; Gál 2,17; Rom 15,8; 2Cor 3,6.

se considera tradicionalmente como el inicio del ministerio diaconal. En realidad, el texto no atribuye a los "siete", como grupo, la denominación de diáconos. La tarea que se les encomienda es la de servir en las mesas de las viudas provenientes del helenismo, pero cuando Lucas describe la labor de Esteban y Felipe en capítulos posteriores, se refiere más bien a una acción evangelizadora. Es significativa la intención de los apóstoles de organizar el servicio en la comunidad de forma estructurada, para contrarrestar el peligro de división y responder a las necesidades que iban surgiendo.

Las cartas paulinas documentan la presencia de diáconos junto a los *episkopoi*, como ejerciendo un ministerio subordinado a ellos o coordinado con ellos[11]. Los diáconos son presentados como colaboradores de los obispos, y se describen las cualidades y virtudes que deben tener para ejercer dignamente su ministerio[12].

1.2. Padres de la Iglesia y primeros siglos

Los Padres de la Iglesia atestiguan la viva presencia de los diáconos en la estructura jerárquica y ministerial de las comunidades cristianas de los primeros siglos, con diferentes matices teológicos.

Clemente de Roma, escribiendo a los Corintios en el siglo I d.C., describe la labor misionera de los apóstoles recordando cómo establecían en las comunidades que fundaban *"las primicias, las probaban con el Espíritu, para hambrear a los epíscopos y diáconos de futuros creyentes"*[13]. Tanto a los obispos como a los diáconos se les reconoce una función espiritual en el servicio a la comunidad.

Incluso en la *Didaché*, un texto anterior al 130 d.C., sólo se menciona a obispos y diáconos. Para los diáconos aún no se utiliza el término "ordenación", aunque son elegidos y nombrados, especialmente como responsables de la vida de la Iglesia en lo que respecta a las obras de caridad en favor de las viudas y los huérfanos.

---

11. Cf. Flp 1,1.

12. Cf. 1Tim 3,1-13.

13. Clemente de Roma, *Primera carta a los Corintios*, 42.4. Todos los textos de los Padres se encuentran en E. Cattaneo (Ed.), *I ministeri nella Chiesa antica. Testi patristici dei primi tre secoli*, Ed. Paoline, Milán 1997.

Las cartas de Ignacio de Antioquía nos ofrecen las notas más significativas sobre la presencia de los diáconos en las primeras comunidades cristianas. Para él, es impensable una iglesia particular sin obispo, presbíteros y diáconos:

> Que todos respeten a los diáconos como a Jesucristo, así como al obispo, que es imagen del Padre, y a los presbíteros como al senado de Dios y como a la asamblea de los apóstoles: sin ellos no se puede hablar de Iglesia. [14]

> Sigan todos al obispo, como Jesucristo al Padre, y a los presbíteros como a los apóstoles; en cuanto a los diáconos, respétenlos como a la ley de Dios.[15]

Lo que emerge es la gran dignidad de que están revestidos los diáconos, que *"no son, de hecho, diáconos para la comida o la bebida, sino ministros de la Iglesia de Dios"*[16]. El ministerio de dirección de la comunidad tiene una forma tripartita, con el obispo en la cúspide y directamente relacionados con él, como 'sus dos manos', los presbíteros y los diáconos, con tareas diferentes e igual dignidad.

Hipólito de Roma, a finales del siglo II d.C., en *Tradición Apostólica,* habla de la ordenación de los diáconos, que se hace exclusivamente por manos del obispo, a quien está directamente vinculado.

Diversos autores describen las funciones litúrgicas de los diáconos, mencionando a veces también la presencia de diaconisas. Se hace hincapié en la función de asistir al obispo en la celebración de los bautismos, y en las tareas dentro de la celebración eucarística de presentar dones y distribuirlos a los necesitados al final de la celebración.

Los textos patrísticos revelan una progresiva estructuración vertical de la jerarquía eclesiástica, de acuerdo con las costumbres de las sociedades de la época. El diaconado comienza a definirse como un grado intermedio con vistas al presbiterado. Esta visión se acentuó con el reconocimiento del cristianismo como religión libre por el emperador Constantino (313 d.C.). La enorme difusión del cristianismo, debida también a razones de conveniencia social, y la consiguiente necesidad de organizar comunidades dispersas por el campo (mientras que al principio los cristianos se encontraban esencialmente en las ciudades), provocó una acentuación del poder reconocido a los pastores.

---

14. IGNACIO DE ANTIOQUÍA, *Carta a los Tralianos*, 3.1.

15. IBÍDEM, *Carta a los esmirneos,* 8.1.

16. IBÍDEM, *Carta a los Tralianos*, 2.3.

Así, crecieron las tensiones entre sacerdotes y diáconos, también porque estos últimos administraban a menudo el dinero de las comunidades. La necesidad de garantizar la presencia eucarística en las comunidades locales y la estructuración del itinerario clerical que conducía a la ordenación sacerdotal como un "*cursus honorum*" explican por qué hacia el siglo VI d.C. la presencia de diáconos permanentes desapareció de hecho en la Iglesia occidental. Eran percibidos como inútiles, o incluso inoportunamente antagonistas de los sacerdotes.

1.3. Restauración en el Concilio Vaticano II

El Concilio de Trento (1545-1563) ordenó la restauración del diaconado como grado permanente del ministerio ordenado. Esta prescripción no fue seguida en la práctica de la Iglesia. De hecho, la estructura eclesial siguió reflejando el mismo modelo medieval y se acentuó la visión sacral del sacerdocio, como reacción a la Reforma luterana. Por tanto, en una Iglesia fuertemente jerarquizada y cultual, no hay lugar para una figura ministerial como el diácono.

Después de otros 400 años llegamos a los días del Concilio Vaticano II, donde, tras intensos debates, se abrió la puerta a la novedad expresada en LG 29 y reforzada en *Ad gentes* 16. Las motivaciones que llevan a los Padres a esta determinación son inicialmente funcionales, y surgen de la preocupación por la escasez de vocaciones sacerdotales, situación que une a las iglesias de antigua tradición (particularmente Europa) con las iglesias jóvenes de otros continentes. El interés de los obispos es, por tanto, predominantemente pastoral, aunque la idea de que los diáconos pueden suplir de algún modo la ausencia de presbíteros no favorece una adecuada comprensión teológica de la figura ministerial de los diáconos. Por otra parte, es normal que en el seno de la asamblea conciliar no hubiera ideas del todo claras sobre la identidad del diaconado, ya que durante siglos había sido una presencia completamente marginal en el perfil eclesial. Sin embargo, los Padres lograron esbozar algunos rasgos que posteriormente fueron muy importantes para entender el diaconado: el vínculo sacramental directo con el obispo, no mediado por presbíteros; la dimensión misionera; la vocación a la comunión también en el diálogo ecuménico; la posibilidad de una coexistencia de la llamada al matrimonio con la de la ordenación.

1.4. Desarrollo postconciliar y actualidad

El impulso decisivo para la restauración del diaconado, en fidelidad a las determinaciones conciliares, lo dio el papa Pablo VI, en particular con la publicación de los "motu proprio" *Sacrum diaconatus ordinem* (1967) y *Ad pascendum* (1972). Sin embargo, la misma *Lumen gentium* sostenía que *"corresponderá entonces a las agrupaciones territoriales de obispos, en sus diversas formas, decidir, con la aprobación del mismo Sumo Pontífice, si y dónde es oportuno que tales diáconos sean instituidos para la cura de almas"* (LG 29).

Estamos ante un brote efectivo de Iglesia sinodal. Las conferencias episcopales, en efecto, nacen precisamente del Concilio, así como las iglesias locales o particulares (diócesis), a las que se reconoce plena dignidad teologal. El discernimiento sobre la conveniencia o no de restablecer el diaconado como grado permanente del ministerio del orden lo llevan a cabo, por tanto, los obispos, en las diversas naciones del mundo. El trabajo de las conferencias episcopales se llevará a cabo de manera bastante variada.

Los años postconciliares conducen a una paradoja: si los que pedían la restauración del diaconado eran sobre todo representantes de las iglesias más jóvenes, en realidad, en las primeras décadas hay un fervor por el nacimiento y el desarrollo del diaconado sobre todo en las iglesias de tradición más antigua o con mayores recursos. Estados Unidos, Alemania e Italia son los países que ven aumentar más la presencia numérica de diáconos, al menos hasta finales del siglo pasado. La razón es la necesidad de mantenimiento económico: los países más pobres no pueden garantizar una contribución monetaria a los clérigos que tienen familias que mantener. De hecho, el otro dato significativo es que inmediatamente –y todavía hoy– la inmensa mayoría de los diáconos (97%) son elegidos entre laicos casados, a menudo con hijos a su cargo.

El desarrollo de la presencia diaconal en las comunidades cristianas no conlleva automáticamente una comprensión adecuada de la identidad de los diáconos, y ello por varias razones. En primer lugar, por la dificultad general, tras el entusiasmo inicial, de activar una verdadera reforma de la Iglesia, según el espíritu de la eclesiología de comunión del Concilio. En segundo lugar, por la resistencia, especialmente de los presbíteros, a aceptar una figura que no puede quedar relegada al papel de "laico comprometido", sino que exige una mayor implicación en una dinámica de corresponsabilidad pastoral. Además, no ayuda la indudable dificultad para desarrollar un perfil teológico adecuado. Por último, las exigencias formativas del estudio y la necesidad de dedicar tiempo al servicio obligan a muchas iglesias locales a ordenar a hombres jubilados o de edad avanzada, lo que no permite definir una figura clara y vocacionalmente "atractiva" para los más jóvenes.

Todo esto ha conducido lentamente a un período de crisis y a veces incluso a bruscos retrocesos, sobre todo en los primeros años del tercer milenio. La época que ahora vivimos es de reflexión más serena y coherente, partiendo de experiencias significativas y de algunos puntos de referencia claros, para poder realizar el difícil arte del discernimiento y de la formación de los candidatos de manera más elaborada y coherente. Así, el número de ordenaciones diaconales sigue en aumento y muchas iglesias jóvenes de América Latina han emprendido con decisión el camino de la valoración de los diáconos. Sigue habiendo una distancia importante en el conocimiento y la comprensión del diaconado en las iglesias africanas y asiáticas, debido también a visiones culturales particulares de la dimensión del servicio como rasgo característico del ser cristiano.

2. PERFIL TEOLÓGICO

Después de haber recorrido brevemente tantos siglos de historia, la reflexión teológica nos ayudará ahora a captar los rasgos esenciales del ministerio diaconal, para comprender su belleza y su necesidad en el contexto de una Iglesia sinodal.

2.1. Eclesiología de comunión: una Iglesia poliedro

El Concilio Vaticano II trajo muchas novedades a la Iglesia. Una de ellas es la restauración del diaconado como grado permanente del ministerio ordenado. Pero también esta realidad, como las demás, debe entenderse en el profundo cambio epistemológico que los Padres conciliares realizaron en el modo de concebir la Iglesia. Contemplaron la Iglesia misma con una mirada renovada que podemos llamar *eclesiología de comunión*. Se trata de una comprensión de la Iglesia que pone en primer plano la acción del Espíritu Santo, generador de unidad, enviado por el Padre y revelado en el Hijo hecho hombre, y que prefiere la dinámica de las relaciones entre sus miembros a la dimensión institucional (importante, pero no prioritaria).

El papa Francisco tradujo esta autocomprensión de la Iglesia con una imagen eficaz: la *Iglesia poliedro*. En cuanto a la comunión en la Iglesia como don carismático, explica que

> no basta con hablar de unidad, no es una unidad cualquiera. No es uniformidad. Dicho así, puede entenderse como la unidad de una esfera en la que cada punto es equidistante del centro y no hay diferencias entre un punto y otro. El modelo es el poliedro, que refleja la confluencia de todas las partes que conservan en él su originalidad, y estos son los carismas, en la unidad pero en su diversidad. Unidad en la diversidad[17].

---

17. FRANCISCO, *Discurso del Santo Padre al Movimiento de la Renovación en el Espíritu*, Roma, 3 de julio de 2015; en <https://www.vatican.va/content/francesco/es/speeches/2015/july/documents/papa-francesco_20150703_movimento-rinnovamento-spirito.html>.

La visión de la Iglesia como un poliedro transmite la idea de una unidad que, sin embargo, acoge y respeta la diversidad, y de un sistema de relaciones en el que los puntos de referencia y los espacios de contacto son variados e interactúan de forma compleja. Sobre todo, permite contemplar las dinámicas de autoridad y comunicación (que son dos de los aspectos cruciales en la gestión de grupos e instituciones) de una manera más acorde con la realidad actual, en la que ya no funcionan las concepciones lineales y directivas en la estructuración de las relaciones.

Dentro de este modelo de Iglesia, es posible comprender al diácono en su especificidad, en una función crucial para favorecer el dinamismo de las relaciones complejas entre las distintas vocaciones presentes en la comunidad, subrayando la interacción constitutiva de la praxis ministerial eclesial. Permaneciendo en la imagen del poliedro, de hecho, se puede reconocer el propio "lugar" del diácono en los nodos de conexión, es decir, en los puntos de encuentro de las diferentes líneas y caras del polígono, en la medida en que por su propia naturaleza el diácono es constitutivamente una figura que reúne en sí misma aspectos tradicionalmente considerados separados o separables dentro del "sistema Iglesia": la ordenación sacramental y, por tanto, la ministerialidad ordenada con un estilo de vida típicamente laical, o la vivencia de la relación de la familia con la participación en la dimensión de lo sagrado.

Tal modelo de Iglesia permite superar paradigmas eclesiológicos inadecuados:

» Por un lado, la visión *piramidal* de una institución en la que el gobierno se ejerce de forma verticalista y la asunción de la tarea de liderazgo pasa por una especie de "carrera", de grado en grado, del inferior al superior. No hay lugar en ella para una comprensión del diaconado como ministerio específico y permanente, concentrándose toda la función de liderazgo en la figura del presbítero.

» Por otra parte, la idea de una *esfera* en la que todos los puntos equidistan del centro (que sería Jesús) eliminaría todas las diferencias y aplanaría la riqueza de carismas y vocaciones en una especie de relativismo ministerial. En este caso, haría poca diferencia el ser ordenado diácono o presbítero, incluso obispo, porque al final todo sería compartido y "repartido" por igual entre todos.

Por tanto, en una Iglesia sinodal, metafóricamente representada por la complejidad de un *poliedro*, la especificidad del diácono es la de unir, en una lógica más simbólica que funcional, la vida y la fe, el estado de vida típicamente laical y la gracia sacramental del ministerio ordenado, la dimensión eucarística de la comunidad cristiana y la constitutiva tensión misionera. Con su sola presencia, impulsa una dinámica relacional constante que valora la diversidad en la comunión.

2.2. Dentro del sacramento del orden

En un horizonte de referencia adecuado como es la eclesiología de comunión, según el modelo de la Iglesia poliedro, es posible indicar los rasgos esenciales de la identidad teologal del diácono. Es siempre estructuralmente relacional, como deben serlo todas las identidades vocacionales de cada miembro en la Iglesia, en cualquier "lugar" en que se encuentre. Es lo que sugiere la imagen, igualmente sugestiva y estimulante, de la Iglesia como "cuerpo de Cristo"[18].

Dentro de este marco, en primer lugar afirmamos claramente que el diácono es un miembro de la jerarquía de la Iglesia, como ministro ordenado. Recibe la gracia sacramental y forma parte del clero a todos los efectos[19]. Sin embargo, es ordenado *"non ad sacerdotium, sed ad ministerium"* (LG 29): para el ministerio y no para el sacerdocio. Se afirma así una distinción dentro del propio sacramento, de modo que podemos identificar la presencia de una tríada que puede definirse así: el obispo, en quien demora la plenitud del ministerio del orden; su presbiterio (es decir, el conjunto de sus presbíteros), que comparten con el obispo la configuración con Cristo Cabeza y Pastor y, por tanto, el sacerdocio ministerial y la presidencia de la comunidad cristiana; los diáconos, que reciben la gracia mediante la imposición de las manos sólo del obispo, con quien tienen un vínculo directo, para estar al servicio del pueblo de Dios en la diaconía de la caridad, la Palabra y la liturgia, con una misión específica como "custodios del servicio de la Iglesia".

---

18. Cf. Concilio Vaticano II, Constitución pastoral. *Lumen gentium*, n. 7; cf. también 1Cor 12.

19. Utilizamos esta terminología (y el término correspondiente 'laico') para ser claros con nuestros lectores, aunque esperamos que el camino sinodal abra algún atisbo de renovación incluso en este lenguaje, que sigue siendo a menudo motivo de separación. "De hecho, 'laico' significa 'miembro del pueblo': ¿no lo es también un ministro ordenado, en la medida en que está bautizado?

El sacramento del orden existe en la Iglesia para garantizar la apostolicidad del mensaje evangélico, en fidelidad a la tradición, y para salvaguardar la gracia de la unidad. Se ejerce en un nuevo modelo tripartito, por lo cual el obispo asume la plenitud del mismo, en conexión directa con su presbiterio, por una parte (para ejercer las funciones propiamente sacerdotales), y con sus diáconos, por otra (para animar en la comunidad diocesana la dinámica del servicio y recoger los gérmenes del Evangelio presentes en la vida vivida cada día). Pero existe también un vínculo directo y necesario entre los presbíteros y los diáconos, llamados a expresar en comunión mutua la riqueza del sacramento del orden en beneficio de todo bautizado y de toda la Iglesia.

Los diáconos introducen así un elemento de absoluta novedad dentro del ministerio ordenado. De alguna manera "obligan" a obispos y presbíteros a pensarse en relación entre ellos y con el "diferente", que se define en una figura ministerial con igual dignidad sacramental pero con un perfil distinto. El papa Benedicto XVI quiso subrayar la diversidad que caracteriza a las distintas figuras que componen el único ministerio ordenado con el "motu proprio" *Omnium in mentem* (2009), que modifica los cánones 1008 y 1009 del Código de Derecho Canónico para adecuarlos al Catecismo de la Iglesia Católica. Básicamente establecen que

> los constituidos en el orden del episcopado o del presbiterado reciben la misión y la facultad de actuar en la persona de Cristo Cabeza; los diáconos, en cambio, están facultados para servir al pueblo de Dios en la diaconía de la liturgia, de la palabra y de la caridad. (c. 1009 §3)

El ministerio ordenado ya no puede identificarse con la función sacerdotal. Se genera una nueva forma de ejercer la autoridad. Los presbíteros y diáconos, en comunión con su obispo, se "entrenan" en la práctica de la corresponsabilidad entre ellos, para que luego puedan promoverla y fomentarla entre todas las demás figuras ministeriales presentes en la comunidad cristiana: ministros instituidos, ministros de hecho; laicos y laicas, consagrados y consagradas.

En una Iglesia sinodal, los diáconos tienen un ministerio ordenado de custodia de la apostolicidad de la fe, de servicio al Evangelio proclamado y de servicio a la unidad eclesial que no es de presidencia sacramental, sino que es sobre todo de encarnación (*kenosis*) en la vida de las personas para captar la "*semina verbi"* presente en la vida cotidiana. Los diáconos dan testimonio de que una fe profesada que no se convierte en caridad vivida y en don de vida al servicio de los demás, en particular de los que experimentan necesidad y pobreza, es inútil y contradictoria, porque niega sus mismas raíces cristológicas y trinitarias.

2.3. Configuración a Cristo siervo

El documento de la Santa Sede dedicado a la formación de los diáconos permanentes, en el número 5, describe *"la identidad teológica específica del diácono: él, como participación en el único ministerio eclesiástico, es en la Iglesia el signo sacramental específico de Cristo siervo"*[20]. En general, los documentos magisteriales han hecho suya esta definición, hablando a veces del "icono de Cristo siervo" o más audazmente de la "configuración con Cristo siervo", poniéndola en paralelo con la "configuración con Cristo Cabeza y Pastor" propia de obispos y presbíteros.

El papa Francisco, en un discurso a los diáconos en Milán, resumió la esencia de estas consideraciones teológicas con su habitual eficacia, propiciando así una eficaz derivación pastoral. Afirma que los diáconos son *"los custodios del servicio de la Iglesia"*[21]. Para traducir esta definición de manera dinámica, los diáconos, fortalecidos por la gracia de Cristo, manifiestan de manera peculiar el rostro del Siervo del Padre con un estilo de humilde obediencia a la acción del Espíritu. Manifiestan esta identificación descubriendo, animando, formando y poniendo en comunión los dones y talentos de los cristianos para el bien de la Iglesia y de toda la humanidad.

En esta perspectiva, se evitan malentendidos cuando se utiliza la metáfora del custodio para hablar de la diaconía ordenada. En efecto, no se trata de "custodiar" un tesoro personal, prerrogativa de una persona o de un grupo: ¡el servicio no es una propiedad privada! Tampoco se trata de configurar una élite de expertos llamados a ejercer el servicio en la Iglesia como una clase de pri-

---

20. CONGREGACIÓN PARA LA EDUCACIÓN CATÓLICA, *Ratio Fundamentalis Institutionis Diaconorum Pemanentium. Normas fundamentales para la formación de los diáconos permanentes*, Biblioteca Vaticana, Ciudad del Vaticano 1998, 5.

21. FRANCISCO, *Encuentro con sacerdotes y personas consagradas. Discurso del Santo Padre*, Milán, 25 de marzo de 2017; en <https://www.vatican.va/content/francesco/es/speeches/2017/march/documents/papa-francesco_20170325_milano-sacerdoti.html>.

vilegiados: ¡el servicio no es patrimonio exclusivo de especialistas! Ni siquiera se trata simplemente de definir determinadas funciones atribuídas al diácono de manera rígida para que "se sienta alguien" en su singularidad: ¡el servicio es una cuestión de estilo y de identidad vocacional, antes que una cuestión de funciones y tareas externas!

2.4. La vocación

Lo que acabamos de exponer nos permite considerar una dimensión teológicamente fundamental para comprender el diaconado en una Iglesia sinodal. ¡Es una vocación!

Se llega a ser diáconos no para ascender socialmente (un "laico ascendido de rango"), ni mucho menos para satisfacer una simple necesidad práctica (un "medio sacerdote", un sustituto). Los diáconos no desempeñan un trabajo comparable al de un asistente social. En esta lógica, tampoco es adecuada la práctica tradicional de ordenar como diáconos a los jóvenes en camino hacia la ordenación sacerdotal: el efecto es disminuir el valor del diaconado mismo, pensado sólo como una etapa inferior a una condición de mayor dignidad, e impedir una adecuada comprensión del mismo desde una perspectiva vocacional, que explicite la especificidad de los distintos modos de vivir el sacramento del orden.

Los diáconos, en efecto, expresan con su vida entregada una respuesta total a una llamada de lo Alto, que pasa a través de la mediación de la Iglesia Madre. La primera relación que debe cuidar un diácono es la relación con Jesús y con el Padre. La oración, especialmente la oración de la Iglesia contenida en la Liturgia de las Horas y en la práctica eucarística, es un rasgo característico de la figura del diácono. Está llamado a asumir el cuidado del pueblo de Dios, presentando al Altísimo las necesidades e intenciones de todos los miembros de la Iglesia, especialmente de los más pobres, de los que no tienen voz.

La dimensión vocacional del diaconado es esencial para ayudar a todos los ministros, y especialmente a los presbíteros y obispos, a repensar su llamada en una lógica relacional, en consonancia con la comprensión de la Trinidad como unidad en la diversidad. Se exhorta a los diáconos a pensarse siempre en relación con otros bautizados, hombres y mujeres, que se ayudan mutuamente a descubrir, definir, vivir y madurar vocaciones específicas en la Iglesia.

2.5. La pareja diaconal

Después de la relación con Dios, para la mayoría de los diáconos la relación más importante es con su esposa. No se trata sólo de una primacía cronológica (la persona casada puede llegar a ser diácono después de un período de tiempo adecuado para favorecer la adquisición de un equilibrio afectivo necesario en la pareja), sino también teológica. El matrimonio como sacramento hace de los dos una sola carne. La autocomprensión, por tanto, no puede prescindir para los esposos de una integración efectiva del *nosotros* consagrado en el amor por el consentimiento expreso y la unión de los cuerpos. Ser diácono, para una persona casada, significa pensarse como cónyuge diácono.

La llamada al diaconado comporta una enorme transformación en la pareja misma: la ordenación introduce un elemento de novedad existencial muy fuerte, pero también una nueva condición teológica. En el esposo hay dos sacramentos, a menudo considerados incompatibles, pero que en realidad ya experimentan en las iglesias católicas orientales también los sacerdotes. Toda la riqueza de este entrecruce de gracias sacramentales está por explorar, y su comprensión desde un punto de vista teológico presenta sin duda cuestiones críticas.

Si bien es cierto que la gracia de la ordenación inviste sólo al esposo y no puede ser "transmitida" a la esposa, parece apropiado calificar a la pareja de "diaconal", en el sentido de que el don de la vocación al marido comporta necesariamente una redefinición de las modalidades relacionales y de las dinámicas afectivas entre los dos cónyuges (y, si los hay, con los hijos).

2.6. Las diaconisas

Otra cuestión de gran actualidad es la posibilidad de reconocer el acceso de las mujeres al ministerio diaconal. El papa Francisco ha creado dos comisiones teológicas para profundizar en esta cuestión, desde una perspectiva histórico-teológica. No cabe duda de que en las primeras comunidades cristianas había mujeres que ejercían un ministerio diaconal, con funciones principalmente litúrgicas, pero también con importantes roles de corresponsabilidad en la guía de las mismas. El propio Pablo lo documenta en sus cartas[22]. Entre los

---

22. Cf. Rom 16,1-2.

expertos, sigue sin resolverse la cuestión de si la imposición de manos a estas mujeres correspondía a una ordenación.

Además de que esta vuelta a las fuentes es importante, la posibilidad o no de diaconisas en la Iglesia católica actual concierne a dos aspectos interrelacionados. Se trata de reflexionar sobre si la idea de excluir a las mujeres del acceso a la gracia del sacramento del orden sigue siendo teológicamente válida, teniendo en cuenta que las razones teológicas que han justificado su práctica durante miles de años se basan en el concepto de *"agere in Persona Christi Capitis"*. Esta característica ha sido definida como no propia del diácono: ¿qué otro impedimento habría entonces para la posibilidad de ordenar mujeres diáconos?

Además, hay que recordar que en la Iglesia católica el papel de autoridad coincide con la asunción sacramental del ministerio ordenado (hasta ahora, sólo el sacerdotal). Está en juego, por tanto, un reconocimiento efectivo de la dignidad de la mujer, que le permita ser realmente implicada en tareas de corresponsabilidad partiendo de su especificidad. En este sentido, no parece deseable –como algunos sugieren– pensar en "inventar" un ministerio diaconal puramente femenino, que pretenda potenciar la indudable predisposición al servicio de tantas mujeres en la Iglesia, pero que conserve un perfil laical (una especie de nuevo ministerio instituido). Esta posibilidad no haría más que confirmar la exclusión de las mujeres de las funciones de decisión y ni siquiera haría un buen servicio a la novedad del diaconado en sí, que reside en gran parte en el hecho de que forma parte del ministerio ordenado.

3. PERSPECTIVAS
PASTORALES

¿Cuál es la especificidad de la acción ministerial de los diáconos en una Iglesia sinodal? En una perspectiva sinodal, el "hacer" siempre viene después del "ser". Particularmente en lo que se refiere al ministerio diaconal, conviene tener una visión que valorice particularmente su dimensión sacramental y relacional, superando una concepción del servicio excesivamente funcional.

Lumen gentium dejó claro que los diáconos, "*sostenidos por la gracia sacramental, en la 'diaconía' de la liturgia, la predicación y la caridad sirven al pueblo de Dios, en comunión con el obispo y su presbiterio*" (n. 29). La misma constitución conciliar describe las funciones propias de los diáconos con una dominante abundancia de tareas litúrgicas. El Sínodo explica que la diaconía de la caridad es la más específica de los diáconos[23].

3.1. Modelos diaconales

A lo largo de las décadas, se han hecho numerosas experiencias en el mundo buscando de proponer un rostro diaconal específico en la pastoral, poniendo en evidencia prevalentemente uno u otro ámbito de servicio. Han surgido varios modelos, que destacan las variadas posibilidades inherentes al ministerio diaconal, pero que corren el riesgo de conducir a la fragmentación. Se ha hablado de:

» *diácono samaritano*, completamente dedicado a obras de caridad y asistencia social;

» *diácono pastor*, comprometido en tareas de dirección y animación de la vida pastoral en ámbitos pastorales o capillas alejadas de la iglesia parroquial;

---

23. Cf. *Informe de síntesis de la primera sesión de la XVI Asamblea General Ordinaria del Sínodo de los Obispos (4-29 de octubre de 2023) y resultados de las votaciones*, 28 de octubre de 2023, n. 11a, en <https://www.synod.va/content/dam/synod/assembly/synthesis/spanish/2023.10.28-ESP-Synthesis-Report_IMP.pdf>.

» *diáconos levita*, ocupado principalmente en la animación litúrgica y del culto, a menudo sustituyendo al presbítero, por ejemplo en lugares como prisiones u hospitales;

» *diácono profeta*, particularmente activo en la catequesis y la evangelización.

Alejándonos de una perspectiva excesivamente fragmentada, proponemos ahora una visión que pretende valorizar el recurso de la presencia de los diáconos en una pastoral comunitaria sinodal, con vistas a su renovación a la luz del Evangelio.

3.2. Parroquias de-sacerdotalizadas

Daremos algunas pistas para pensar en una *concretización de la presencia diaconal en las parroquias*. No es el único espacio de compromiso pastoral posible, pero sigue siendo el privilegiado para ayudar a pasar de una comprensión de la parroquia según el modelo tridentino, a la de una parroquia capaz de permanecer fiel a sí misma dentro de los nuevos contextos socio-culturales. Ya no se puede pensar en la parroquia como la estructura centralizada en la que el sacerdote ejerce la síntesis de todos los carismas y ministerios. La presencia del diácono es un antídoto eficaz contra esta deformación clericalista.

No se trata de delinear de antemano y en detalle las funciones del diácono. Esto no sería compatible con el principio de encarnación, del que el diácono es una expresión particularmente significativa en el contexto de la ministerialidad eclesial. Se trata más bien de reconocer ciertos rasgos que ayudan a traducir en la vida lo que es propio del diácono y lo que puede contribuir a la renovación de las comunidades cristianas desde una perspectiva sinodal.

Los diáconos son el icono y la memoria viva de la diaconía de Cristo en la Iglesia, y como tales se expresan asumiendo tareas y oficios según las necesidades de la Iglesia local, animando la dimensión de la diaconía bautismal para toda la comunidad cristiana. En esta lógica, es oportuno que el obispo, en el momento de la ordenación, dé a cada diácono su "mandato" (la missio canonica), es decir, que le asigne una función específica en el contexto de la diócesis en la que se incardina. Lo mismo se hace con los presbíteros, lo que subraya la igual dignidad de los dos ministerios. El modo concreto en el cual luego se realiza la misión recibida dependerá del contexto y de las relaciones que los diáconos sabrán crear allí donde sean enviados. Un "mandato" eclesial, por tanto, debe concebirse siempre en una lógica de red, para favorecer desde el principio una visión comunitaria que ayude a superar actitudes y comportamientos individualistas y autorreferenciales.

El ministerio del diácono se concretiza en el diàlogo cotidiano con los presbíteros, los diáconos y todos los ministros que enriquecen la comunidad cristiana a la que está destinado. Así se ejerce la corresponsabilidad y el discernimiento pastoral común.

3.3. El hombre de las relaciones

En el horizonte de una eclesiología de comunión, el diácono es *el hombre de las relaciones.* Esto se dice también del presbítero, pero en el diácono este rasgo adquiere características peculiares.

a. La condición de *estar casado* (de la mayoría) *y trabajar* sumerge a los ministros ordenados en un contexto relacional nuevo para ellos. Los diáconos casados llevan en su ADN vocacional una nueva estructura y modalidad relacional, de la que el matrimonio y la familia son los lugares de "forja". Al ser ministros de la Iglesia, pueden ayudar a mostrar una nueva imagen en el contexto sociocultural actual, pero también desencadenar dinámicas relacionales diferentes en la parroquia.

b. La dinámica de reciprocidad propia del sacramento del matrimonio puede convertirse en luz paradigmática para iluminar también otros ámbitos de relación. El misterio de la gracia encerrado en el matrimonio (unidad en la diversidad), sacramento del amor de Dios a su Iglesia, debe convertirse en el *analogatum princeps* de las experiencias eclesiales, y los diáconos casados pueden ser eficaces mediadores de ello junto con sus cónyuges. Por esta razón, la *pastoral familiar* puede ser un campo natural de servicio para los diáconos y sus esposas.

c. Por el mero hecho de estar ahí, los casados diáconos introducen estos dinamismos en las relaciones entre obispo, presbíteros y diáconos, permitiendo que un ministerio de servicio que existe en la diversidad de sus «grados» se perciba en unidad. Una realidad teológal se convierte también en pastoral, porque es una experiencia concreta. Formando parte del ministerio del orden, por su sola presencia, los diáconos obligan al *obispo, a los presbíteros y a los propios diáconos a pensarse necesariamente en relación con lo diverso* también en el ejercicio del ministerio pastoral. Como le sucede a la pareja cuando se casa, ya no es posible pensar y organizar la propia vida desde el yo, sino que se parte de un nosotros. Así también el presbítero diocesano puede experimentar la alteridad en su servicio pastoral. Puesto que todos somos constitutivamente relación, esto nos ayuda a ser nosotros mismos; también nos ayuda a formar parte de la Iglesia-comunidad partiendo de una experiencia en primera persona, que supera una visión individualista y clericalista. Esto supone una dinámica organizativa que haga posible esta interacción, para un ejercicio real de compartir y corresponsabilidad que lleve a la comunión[24].

d. El diácono está en *relación directa con el obispo*, no mediada por el párroco, y esto favorece un dinamismo de relaciones no caracterizadas por una lógica de "escalones" sobre los que acceder de forma verticalista.

e. El diácono trabaja *mejor en equipo*, necesita un trabajo de equipo, donde ejerce el papel prioritario de mediador de relaciones humanas de respeto y colaboración, de compartir y de comunión. El diácono recuerda, con su sola presencia, que primero está el hombre y después las cosas por hacer, y que todos tienen un lugar único e irrepetible dentro de la comunidad.

f. La *relación fundante es aquella que tiene con Jesucristo*. La experiencia de Dios debe ser claramente central en la vida del diácono y debe transmitirse en sus acciones, siendo el suyo un ministerio ordenado enraizado en la gracia sacramental. El diácono contribuye así a mostrar el rostro de una Iglesia que es pueblo de Dios, y no una ONG. La dimensión espiritual es el ámbito de unificación de su persona y todos los demás aspectos del crecimiento personal.

---

24. Parece útil recordar aquí la imagen de las mesas de trabajo del Sínodo de octubre de 2023 en Roma: mesas redondas, donde los participantes se reconocían por sus nombres y no por sus papeles, dispuestos a dialogar de igual a igual sobre los temas propuestos. Esto no quita responsabilidad a las diferentes tareas asumidas según las vocaciones específicas; pero implica también la ineludible disponibilidad a ponerse en juego en esta reciprocidad, reconociendo que cada uno, nadie excluido, trae consigo recursos y frenos, aptitudes y resistencias para el fascinante "juego" de la relación.

3.4. El "custodio del servicio"

La identidad teológica del diácono, felizmente resumida por la expresión del papa Francisco *"custodio del servicio en la Iglesia"*, se traduce en algunas dimensiones peculiares.

» El diácono es un *ministro sin poder*. Lo que para algunos es un problema (la falta de determinaciones específicas de un "poder" adquirido por los diáconos a través de la imposición de manos), se convierte en cambio en un recurso en una perspectiva de Iglesia servidora y en la lógica sacramental. La ministerialidad, de hecho, no surge principalmente de la necesidad de responder a una necesidad concreta, sino de la escucha de una llamada que viene de Dios. El diácono subraya la primacía de Dios, que actúa en gratuidad y desposeimiento: el diácono *es* servidor, antes que ser uno que "hace" de servidor. Esto ayuda a recordar especialmente a quien tiene autoridad en la Iglesia que el suyo es un servicio, recibido a través de un mandato que no puede convertirse en una reveindicación de poder.

» El diácono no es el "hombre bueno siempre disponible para el servicio", sino que es el *animador y facilitador del servicio*. Es, por tanto, el *descubridor de carismas,* el que sostiene, involucra, organiza, coordina. Necesita, pues, cualidades de liderazgo, propias de quien recibe el ministerio del orden. Un liderazgo que debe ejercerse no en competencia con los presbíteros, y no sólo por virtud personal, sino también discerniendo los ámbitos más apropiados en los que expresarse. Al diácono se le pueden encomendar también tareas diocesanas (por ejemplo, en *Cáritas* o en la *pastoral social*), que deberá desempeñar en sinergia y diálogo constante con los demás ministros y, en particular, con los párrocos.

» El diácono es el promotor de una *mentalidad de servicio* en todos los bautizados, cualquiera que sea el ministerio que ejerzan o la profesión y actividad humana en la que se encuentren comprometidos. No debe limitarse únicamente a un ministerio establecido o reconocido en los confines de la comunidad cristiana: la lógica del servicio y del testimonio explícito –"manso y humilde" como el del Maestro– sigue siendo particularmente urgente en el mundo, en todos sus ámbitos. El diácono puede ser semilla inspiradora de nuevas figuras ministeriales "ad extra", que reciben el reconocimiento de la comunidad eclesial y se sienten parte de ella precisamente en el cumplimiento de sus deberes civiles y políticos como bautizados.

» El diácono es, por tanto, *educador* y formador, no en el sentido de "saber-lo hacer sólo él", sino con vistas a promover una adecuada preparación para los cristianos (y para todos los hombres y mujeres de buena voluntad) comprometidos a vivir la caridad evangélica en el mundo.

3.5. La nueva evangelización hacia los últimos y las periferias

El diácono se convierte en la comunidad cristiana en un acicate constante para mantener a toda la Iglesia en actitud *misionera* y hacer realidad el sueño de "una Iglesia en salida". Hablamos del diácono como "ministro del umbral", "ministro de la frontera" o "ministro del pórtico", indicando simbólicamente el "lugar" donde está llamado a ejercer prioritariamente su ministerio. Parafraseando la imagen utilizada por el papa Pablo VI, podemos decir que el diácono es un "puente" entre la comunidad cristiana y el mundo (y no tanto entre el clero, del que forma parte, y los laicos)... ¡consciente de que el "mundo" también está dentro de la Iglesia!

» Más que nunca, el diácono debe mostrar el rostro activo de una Iglesia que va en busca de la oveja perdida (o mejor, de las 99 ovejas perdidas), bus-cando creativamente nuevas respuestas a las *nuevas pobrezas* que desa-fían a la comunidad cristiana en el mundo de hoy. Las periferias sociales, culturales y sobre todo existenciales de la cultura contemporánea son el ámbito privilegiado de la acción pastoral de los diáconos.

» En este sentido, el diácono es el motor que impulsa la atención *al territorio* por parte de las parroquias. Manteniendo un fuerte vínculo con cada una de las parroquias, el diácono se convierte en instrumento de comunión y colaboración entre las diversas realidades eclesiales y civiles, garantizando el profundo vínculo con el obispo y los presbíteros, especialmente los párro-cos. De este modo, restituye a la parroquia misma un rasgo específico de su identidad: *paraoikeo* es el verbo del forastero que se convierte en compañe-ro de viaje y comparte un tramo del camino, como Jesús con los discípulos de Emaús (cf. Lc 24). Nada quita que, en este sentido, una diócesis pueda crear nuevas estructuras, incluso institucionales, por una parte recuperando la riqueza de nuestra tradición (pensemos en las *diakonías* de los primeros siglos de la Iglesia), y por otra sobre todo animando un diálogo y un compartir constantes entre las distintas vocaciones para aprender a conocerse y acogerse, así que se valoricen los dones de cada persona.

» Aunque el Concilio ya pensó en los diáconos ordenados *"para que en nombre del párroco y del obispo [gobiernen] comunidades cristianas lejanas"* (*Ad gentes* 16), esta práctica debe considerarse más bien una excepción. El papel de los responsables de las comunidades debe preservarse de un riesgo: el de pensar en los diáconos como sustitutos de los presbíteros (especialmente de los párrocos) y, por tanto, irremediablemente sustituibles cuando haya suficientes vocaciones presbiterales. El esfuerzo que hay que hacer es garantizar una especificidad diaconal sobre todo allí donde el ejercicio de un connatural liderazgo ministerial comporta el riesgo de confusión. Por tanto, al diácono se le pueden confiar responsabilidades de guía (pero no de presidencia, que es propia del sacerdocio ministerial) en contextos como *cárceles, hospitales, casas de reposo, etc.*, las que tiene que vivir construyendo sinergias y colaboraciones con los presbíteros y las comunidades cristianas presentes en el territorio.

» El diácono no actúa sólo en la diaconía de la caridad, sino *animando y apoyando a los laicos*: son los laicos los que se comprometen en la política, en la cultura, en la sociedad; pero ¿de quién es la tarea de apoyarlos, formarlos, animarlos? Quizá el diácono sea también profesor o ingeniero, pero su tarea será sobre todo la de reunir y apoyar a los profesores laicos católicos, a los ingenieros cristianos... y empujar para abrir vías de diálogo, de presencia, de colaboración en todos los ámbitos que la sociedad civil y la política requieren de la Iglesia. Y lo hace como *representante autorizado de la comunidad cristiana*.

» En particular, es un promotor del *diálogo en el mundo de las tecno-comunicaciones.* En este sentido, el diácono es también un centinela que vigila los modos más o menos adecuados de habitar el ambiente digital. Frente a los desafíos éticos del mundo actual, el diácono es un recurso para toda la comunidad, para ayudar a permanecer enraizados en los valores de *la doctrina social de la Iglesia,* interactuando con las nuevas realidades de manera constructiva.

» De este modo, el diácono *abre las parroquias a una visión extraterritorial*, en una perspectiva misionera que transforma en oportunidad lo que puede parecer sólo un riesgo. Pensemos, por ejemplo, en el ámbito del diálogo con personas provenientes de otras partes del mundo, el ecumenismo y el diálogo interreligioso, la respuesta al fenómeno de las migraciones, la defensa de la vida, la promoción de la paz, el cuidado del medio ambiente: son ámbitos que difícilmente puede abordar una parroquia por sí sola, pero que al mismo tiempo son el pan de cada día para las parroquias. El diácono actúa como "puente" entre las exigencias y los retos de la vida contemporánea y las posibles respuestas de la comunidad cristiana.

3.6. El diácono en la liturgia: la primera evangelización

La presencia del diácono en la *liturgia* es significativa en dos sentidos. Por una parte, hay ciertas tareas que puede desempeñar, por mandato del párroco, de modo particularmente significativo, como la administración de los bautismos y la bendición de las bodas. Su ministerio, sin embargo, adquiere mayor eficacia si se combina con un esmerado *cuidado en la preparación* previa y en el acompañamiento de los fieles que piden recibir los sacramentos, así como de toda la comunidad celebrante. En esta calidad, el diácono es evangelizador y puede favorecer el acercamiento de personas que se han alejado de la práctica eclesial con una paciente y necesaria labor de *pre-evangelización* y de primer anuncio. Se piensa, por ejemplo, en la preciosa presencia de los diáconos junto a las familias que viven el duelo o el sufrimiento de la enfermedad, y en la visita a los hogares para la bendición de las familias

Por otra parte, su presencia junto al presbítero en la concelebración eucarística manifiesta claramente la *reciprocidad y complementariedad de los dos ministerios, con* una fuerte connotación simbólica. Corresponde al diácono, durante la misa, proclamar el evangelio, después de haber recibido la bendición del presidente; proponer las oraciones de los fieles; preparar el altar y presentar al presbítero las ofrendas del pueblo de Dios; invitar al intercambio de la paz; y concluir la celebración enviando al pueblo, en nombre de Dios, a dar testimonio del Señor resucitado (*"Ite, missa est!"*). Todos estos son gestos misioneros, que manifiestan la vocación de ser signo e instrumento de unidad entre la vida cotidiana y la experiencia de fe, entre el don gratuito del amor de Dios (la paz) y la responsabilidad de cada uno de acogerlo y construirlo en la cotidianidad.

Cuidar la valorización de estos momentos es necesario para expresar también en la simbología litúrgica el rostro de una Iglesia sinodal.

4. DISCERNIMIENTO,
FORMACIÓN Y ESPIRITUALIDAD

Los aspirantes y candidatos deben ser formados para asumir gradualmente la identidad diaconal, partiendo de la búsqueda de una configuración con Cristo siervo como dato unificador de la persona del diácono.

4.1. Dimensión vocacional

La pertenencia al ministerio del Orden acentúa la perspectiva vocacional de ser diácono. Se requiere una actitud de *discernimiento* constante, que la persona realiza con la ayuda de la comunidad cristiana, mediación concreta de la presencia materna de la Iglesia, para responder a una posible llamada del Señor.

Los diáconos, especialmente los casados, obligan a pensar en la vocación de un modo renovado. Se trata de entrelazar las exigencias de un diálogo personal, interior y profundo del individuo con Dios, particularmente en el arte de la oración, con la necesaria atención por parte de los responsables a considerar los datos objetivos de una posible vocación ministerial en la Iglesia.

Esto sugiere prudencia a la hora de aceptar posibles "autocandidaturas" y una mayor implicación de las comunidades locales en la identificación de los futuros diáconos. En la difícil tarea del discernimiento, no hay que sustituir la conciencia personal, sino ayudar a iluminarla según la normatividad de la Palabra en diálogo con la realidad. Si hay que dudar de la insistencia de los que dicen "quiero ser diácono", no hay que subestimar la disponibilidad del que se pregunta: "¿quizás el Señor me llama al diaconado?".

En las iglesias locales se ha de favorecer ciertamente un mayor conocimiento de la figura diaconal, dentro de las diversas iniciativas vocacionales programadas por las comunidades locales o por la Iglesia universal.

4.2. Mediaciones formativas

Los diáconos "nacen" en una comunidad cristiana local y son enviados a ella. La propia comunidad es la primera mediación concreta de los procesos de discernimiento y formación de los aspirantes y candidatos. En ella, ciertas figuras asumen un papel de gran importancia.

» En primer lugar, la *esposa* (para los que están casados), ya que la vocación debe ser fruto de un discernimiento compartido en la pareja. Es impensable que la implicación de la esposa se limite a un mero consentimiento formal con vistas a la ordenación. La nueva vocación del esposo conlleva enormes cambios en la dinámica relacional, por lo que es deseable que la esposa se implique y participe en todo el proceso desde el principio, y sea escuchada y acompañada como su marido.

» El *obispo*, responsable último del discernimiento. Está llamado a constituir el equipo diocesano de formación, pero también a conocer y construir una relación de proximidad con sus diáconos y sus familias, que concretice la evidencia teológica de un vínculo especial entre el diácono y su obispo.

» El *equipo de formación* está llamado a proponer y realizar itinerarios adecuados para la promoción, el discernimiento y la formación para la vocación diaconal. Formado –según los lugares– por presbíteros, diáconos, cónyuges, expertos, es preferible que algunas de estas presencias se dediquen a tiempo completo a este servicio y adquieran las competencias adecuadas.

» El *padre espiritual*, llamado a favorecer el proceso de unificación del candidato y a apoyar a la pareja diaconal.

» Los *profesores* y los *otros colaboradores*, para que propongan a los candidatos contenidos y experiencias incluidos en el itinerario formativo, a partir de sus propias competencias, de manera que les permita forjar vínculos fraternos con los futuros diáconos y sus familias.

4.3. Las áreas de formación

La formación inicial de los diáconos, que tiene lugar según las indicaciones temporales y metodológicas de los *Directorios* propuestos por cada diócesis o Conferencia episcopal, se desarrolla en torno a cuatro ejes principales.

» *La formación teológico-doctrinal*, para la cual es oportuno trazar itinerarios que sepan considerar las exigencias de un ministerio llamado a una interacción constante con el mundo y la cultura no cristiana. Es útil no pensar en este itinerario en la línea del camino propuesto a los futuros sacerdotes; esto no quita la necesidad de una sólida preparación también desde el punto de vista teológico. Pero, además de esto, los diáconos deben estar dotados de otro tipo de competencias (en el campo de las humanidades, de la administración, de la gestión, etc.) para poder desempeñar su servicio en el ámbito que se les asigne adquiriendo las herramientas teóricas y prácticas necesarias. Las condiciones de vida de la mayoría de los diáconos obligan a veces a las diócesis y a los institutos académicos a diseñar un ritmo educativo que permita a un trabajador con familia estudiar y prepararse adecuadamente. De lo contrario, ¡el acceso al ministerio diaconal será siempre un privilegio para ancianos y jubilados! Los modernos medios de comunicación en línea y el sistema de tutorías en la enseñanza universitaria pueden ser recursos fructíferos para este fin.

» *La formación psico-afectiva*[25], ya que la dinámica psicológica de la persona tiene un gran impacto en el modo concreto en que vive su papel en la Iglesia y en la sociedad. *"La conciencia de las propias capacidades y limitaciones es un requisito para ejercer el ministerio ordenado con un estilo de corresponsabilidad"*[26]. Esta dimensión debe cuidarse con metodologías apropiadas y la ayuda de expertos, pero también educando a leer la propia vida cotidiana bajo una luz nueva, arraigada en la conciencia de que conocerse a sí mismo es un camino necesario para escuchar la voz del Dios encarnado en nosotros.

» *La formación pastoral y apostólica* se refiere a los ámbitos específicos de servicio de los diáconos, y sugiere una atención especial a los cambios culturales y eclesiales que se están produciendo. Las exigencias de la caridad organizada, de la atención a los pobres y de la nueva evangelización deben ser

---

25. Los documentos magisteriales la llaman *"formación humana"*: ¡pero la teología, la pastoral y, sobre todo, la espiritualidad son también "humanas"!

26. Cf. *Informe resumido de la primera sesión de la XVI Asamblea General Ordinaria del Sínodo de los Obispos (4-29 de octubre de 2023) y resultados de las votaciones*, 28.10.2023, n. 11d, en <https://www.synod.va/content/dam/synod/assembly/synthesis/spanish/2023.10.28-ESP-Synthesis-Report_IMP.pdf>.

consideradas con particular atención, para ayudar a los diáconos a expresar su especificidad como iconos vivos de Cristo servidor. En este contexto, no se debe dejar de prestar atención a las responsabilidades sacramentales de los diáconos, que también están implicados en la liturgia y la catequesis.

» *La formación espiritual*, como núcleo y centro unificador de toda la persona. El diácono, como ministro ordenado, se compromete a orar con la Liturgia de las Horas para hacerse voz ante Dios de todas las necesidades del pueblo de Dios. Pero su oración debe enriquecerse con la Lectio divina y el cuidado de la devoción mariana; si hace referencia a propuestas carismáticas concretas, conviene vigilar que no se deslice hacia formas de devocionismo o exclusivismo.

4.4. Formación continua

¡La formación no termina nunca! Un estilo ministerial conforme a la dinámica sinodal presupone que los diáconos (junto con todos los ministros) estén en constante actualización. Se trata de proporcionarles espacios y lugares adecuados para reunirse, cuidando al máximo la presencia de las esposas, así como un intercambio real y efectivo con los presbíteros. En efecto, una *formación continua* eficaz tendrá como primer objetivo promover las relaciones fraternas entre las distintas vocaciones.

Por lo tanto, será importante que los responsables piensen en una metodología dinámica y atractiva que fomente la responsabilidad compartida dentro de la Iglesia local. Si bien las formas de lograrlo dependen necesariamente de los contextos locales, todos deberán garantizar un enfoque privilegiado en el compartir la vida y la dimensión espiritual.

También hay que reiterar que, al hablar de formación permanente, no se puede limitar a pensar en encuentros "ad hoc", cursos o semanas de talleres, sino que hay que promover la conciencia de un *estilo*: toda la vida, en su cotidianidad, es formativa. En efecto, la fe se encarna en la vida ordinaria, y la relación con Jesús Siervo del Padre pasa por una práctica constante de diálogo interior con Él en los acontecimientos cotidianos de la vida. Es bueno que el diácono se eduque en esto, para que a su vez se convierta en educador de todos los miembros de la comunidad.

CONCLUSIÓN

No se puede pensar en una Iglesia sinodal sin pensar en los diáconos, cuya vocación inserta una novedad profética en la dinámica de las relaciones eclesiales. Ellos "obligan" a todos los miembros de la comunidad cristiana a repensarse de un modo distinto a la visión piramidal y fuertemente jerárquica de la Iglesia tridentina. La teología enseña que no puede haber Iglesia sin el obispo, con su presbiterio y sus diáconos. Una renovación auténtica y fecunda de la misión de la Iglesia será eficaz en la medida en que sepa integrar la presencia de los diáconos (y de sus familias) en una praxis evangelizadora viva e innovadora.

SEGUNDA PARTE
INICIACIÓN A LA SINODALIDAD

La iniciación en la sinodalidad pasa por tres caminos interconectados. En primer lugar, pide a cada cristiano, especialmente a los agentes pastorales (ministros ordenados y laicos) que reflexionen sobre sí mismos para madurar una visión más clara y una adhesión más profunda a ser una Iglesia sinodal (**conversión sinodal**). En segundo lugar, es necesario aprender juntos qué es la sinodalidad como forma de vivir y operar como Iglesia, haciendo nuevas experiencias marcadas por un estilo sinodal, y reflexionar juntos para remodelar el rostro de la comunidad y la acción pastoral en esta perspectiva (**renovación eclesial en perspectiva sinodal**). En tercer lugar, es necesario trabajar con valentía y creatividad para crear estructuras y procedimientos sinodales adecuados a la visión eclesial del Vaticano II (**reforma de las estructuras**).

UN CAMINO PARA RECORRER JUNTOS

La presencia de los diáconos en las comunidades cristianas es una de las mayores novedades que podemos agradecer al Concilio Vaticano II. Las vocaciones diaconales implican a hombres célibes, pero más a menudo casados, que se ponen a disposición de la Iglesia local para ser signo e instrumento de la presencia fiel de Cristo Siervo, que se hace uno de nosotros para lavar los pies de todos y otorgar así la salvación. En la lógica simbólica propia de la dimensión sacramental, los diáconos son la memoria viva de la llamada constitutiva a la diaconía de todo bautizado y de toda la Iglesia. Ellos, como ministros ordenados y, por tanto, enviados a guiar en las parroquias y otras realidades eclesiales en las que realizan su misión, tienen la tarea de mantener viva la atención del obispo y de toda la comunidad a las necesidades de los más pobres y necesitados, animando la diaconía y suscitando la ministerialidad entre todos los miembros del pueblo de Dios.

La gran novedad de la restauración en la Iglesia latina del diaconado permanente debe aún realizarse plenamente, para poder aportar su propia contribución original en un horizonte sinodal, en el que todos los carismas y ministerios sean repensados juntos en relación unos con otros.

1. CONVERSIÓN SINODAL
PARA LA REFLEXIÓN PERSONAL

Esta primera ficha está pensada para un momento de reflexión personal (con dos o tres personas): nos permite profundizar en los conceptos teológico-pastorales de este Cuadernillo a partir de la escucha de la realidad, de la Palabra de Dios y de los documentos del Magisterio sobre la sinodalidad. El objetivo es acompañar la conversión sinodal: en qué cosa necesitamos cambiar de mentalidad, qué resistencias interiores debemos superar, qué falsas ideas debemos abandonar, qué recursos y habilidades debemos compartir.

1.1. Oración al Espíritu Santo
Mons. CARLO MARIA MARTINI

Ven, Espíritu Creador
ven, Ley Nueva, abre nuestros ojos
para que contemplemos
el misterio de Dios que actúa en la historia.

Ven, Espíritu consolador
y abre nuestros corazones
para que sepamos cómo nosotros, gracias a ti
somos parte activa de ese misterio.

Ven, Espíritu de Cristo
y muéstranos el rostro de Jesús en la historia
muéstranos el rostro de la Iglesia de Jesús.
Amén.

1.2. Una primera reflexión sobre mi vida

Para los diáconos

1. ¿Qué contribución específica siento que puedo dar a la comunidad cristiana de la que formo parte desde mi ministerio?

2. ¿Quién y qué me ayuda a descubrir y vivir mi ministerio con fidelidad y alegría?

3. ¿Qué luchas percibo dentro de mí al vivir mi ministerio? ¿Han crecido con los años, o se han desvanecido? ¿Por qué?

4. ¿Qué resistencias y luchas encuentro a mi alrededor con respecto a la comprensión y el ejercicio de mi ministerio? ¿Por qué?

**Para los obispos, los sacerdotes,
las esposas de los diáconos y los bautizados todos**

1. ¿Qué es para mí el ministerio diaconal? ¿Cómo lo describiría con mis propias palabras?

2. ¿Conozco a algún diácono? ¿Qué me llama la atención de su ministerio? ¿Qué aspectos evangélicos advierto y qué limitaciones percibo?

3. ¿Cómo puede la presencia de diáconos en mi comunidad ayudarme a crecer en mi vocación específica?

4. ¿Me parece ser una persona que fomenta el conocimiento y el crecimiento del ministerio diaconal en la Iglesia? ¿Cómo lo manifiesto?

1.3. Para más información

Lectura del Informe *de Síntesis de la Primera Sesión de la XVI Asamblea General Ordinaria del Sínodo de los Obispos* (4-29 de octubre de 2023) y resultados de las Votaciones, 28.10.2023:

11. Diáconos y presbíteros en una Iglesia sinodal

Convergencias

a) Los presbíteros son los principales cooperadores del obispo y forman con él un único presbiterio (cf. LG 28); los diáconos, ordenados para el ministerio, sirven al Pueblo de Dios en la diaconía de la Palabra, de la liturgia, pero sobre todo de la caridad (cf. LG 29). Hacia ellos, la Asamblea sinodal expresa, en primer lugar, una profunda gratitud. Consciente de que pueden experimentar soledad y aislamiento, recomienda a las comunidades cristianas que les apoyen con la oración, la amistad y la colaboración.

b) Los diáconos y los presbíteros están comprometidos en las más diversas formas de ministerio pastoral: servicio en las parroquias, evangelización, proximidad a los pobres y marginados, compromiso en el mundo de la cultura y de la educación, misión *ad gentes*, investigación teológica, animación de centros de espiritualidad y muchas otras. En una Iglesia sinodal, los ministros ordenados están llamados a vivir su servicio al Pueblo de Dios en una actitud de cercanía a las personas, de acogida y escucha de todos, y a cultivar una profunda espiritualidad personal y una vida de oración. Sobre todo, están llamados a repensar el ejercicio de la autoridad siguiendo el modelo de Jesús que, "aunque tenía la condición de Dios, [...] se despojó de sí mismo, asumiendo la condición de siervo" (Flp 2,6-7). La Asamblea reconoce que muchos sacerdotes y diáconos hacen visible con su entrega el rostro de Cristo Buen Pastor y Siervo.

Preguntas para una conversión a la sinodalidad:

En una perspectiva sinodal, el ministerio ordenado debe pensarse siempre en una lógica de comunión en la diversidad: presbíteros y diáconos, en sinergia con su obispo, caminan juntos al servicio de la comunidad cristiana.

» ¿Me parece que ésta es la visión teológica y pastoral en la realidad en que vivo? ¿Cómo se puede ayudar a que crezca? ¿Qué recursos y qué obstáculos hay en nuestra comunidad?

» ¿De qué manera contribuyo al crecimiento de las relaciones fraternas entre los diversos actores de la Iglesia, especialmente entre presbíteros y diáconos?

» ¿Qué pasos creo que puedo dar para ayudar a mi comunidad cristiana a conocer y valorar la aportación específica y original de los diáconos en la Iglesia?

1.4. Para más información

Lectura de Congregación para la Educación Católica, *Normas fundamentales para la formación de los diáconos permanentes,* Ciudad del Vaticano, 1998:

4. Espiritualidad diaconal

11. De la identidad teológica del diácono se desprenden claramente los lineamientos de su espiritualidad específica, que se presenta esencialmente como una espiritualidad de servicio.

El modelo por excelencia es el Cristo siervo, vivido totalmente al servicio de Dios, por el bien de los hombres. El se ha reconocido anunciado en el siervo del primer himno del *libro de Isaías* (cf. Lc 4,18-19), ha calificado expresamente su acción como diaconía (cf. Mt 20,28; Lc 22,27; Jn 13,1-17; Flp 2,7-8; 1Pe 2,21-25) y ha recomendado a sus discípulos que hagan lo mismo (cf. Jn 13,34-35; Lc 12,37).

La espiritualidad del servicio es una espiritualidad de toda la Iglesia, ya que toda la Iglesia, a imagen de María, es la "esclava del Señor" (Lc 1,28), al servicio de la salvación del mundo. Precisamente para que toda la Iglesia pueda vivir mejor esta espiritualidad del servicio, el Señor le da un signo vivo y personal de su mismo ser siervo. Por eso, de modo específico, esa es la espiritualidad del diácono. En efecto, él, por la sagrada ordenación, es constituído en la Iglesia como icono viviente de Cristo servidor. El *leitmotiv* de su vida espiritual será, por tanto, el servicio; su santidad consistirá en hacerse servidor generoso y fiel de Dios y de los hombres, especialmente de los más pobres y sufrientes; su compromiso ascético estará encaminado a adquirir aquellas virtudes que exige el ejercicio de su ministerio.

12. Evidentemente, esta espiritualidad debe integrarse armoniosamente con la espiritualidad ligada al estado de vida. Así, la misma espiritualidad diaconal adquirirá connotaciones diferentes según sea vivida por una persona casada, viuda, célibe, religiosa o consagrada en el mundo. El itinerario formativo deberá tener en cuenta estas diferentes modulaciones y ofrecer, según el tipo de candidato, caminos espirituales diferenciados.

Concluye rezando el himno cristológico de **Flp 2,5-11.**

2. RENOVACIÓN DE LA VIDA ECLESIAL
EN PERSPECTIVA SINODAL

PARA UN CONSEJO PASTORAL DIOCESANO
O UN CONSEJO PRESBITERAL O TODO UN PRESBITERIO

Queremos preguntarnos juntos cómo conocer y dar a conocer mejor el ministerio diaconal, para promoverlo adecuadamente en nuestra diócesis.

1. En un primer encuentro, se puede proponer una Lectio divina a partir de Hch 6,1-7 (la institución de los "siete") o de Hch 8,5-8.26-40 (el diácono Felipe) para introducir los elementos fundamentales de la teología del diaconado en una Iglesia servidora y misionera.

2. Utilizando el método de la conversación espiritual, se puede abordar el tema a partir de estas preguntas:

» ¿Qué experiencia tengo del diaconado? ¿Conozco y he trabajado con algún diácono? ¿Cómo ha ido?

» Pensando en nuestra diócesis, ¿cuál me parece que podría ser el papel específico y la contribución de los diáconos? Si ya existen, ¿cuál es su contribución al bien de nuestra Iglesia local?

» ¿Cómo creo que podemos promover el conocimiento del diaconado en nuestras comunidades cristianas, especialmente en las parroquias?

3. Resumimos los principales puntos que surgieron de la puesta en común de las tres preguntas. A continuación, nos detenemos en las respuestas a la tercera pregunta e iniciamos una nueva ronda de puesta en común (que

puede realizarse en una reunión posterior, tras el trabajo de recopilación realizado por la secretaría del Consejo):

» De las propuestas recibidas, ¿cuál me parecen realizable en el próximo año pastoral?

» Propongo personas, formas, tiempos, materiales que me parecen útiles para concretar la propuesta que he elegido.

4. A partir de la escucha de las distintas propuestas sugeridas y de las metodologías concretas hipotetizadas, corresponderá al obispo (con sus colaboradores más cercanos) dar la última palabra, elegir y empezar a aplicar lo que se haya decidido.

3. REFORMA PASTORAL
DOS PROPUESTAS

3.1. Primera propuesta
Para una parroquia o unidad pastoral

Coordinados por el consejo pastoral parroquial o el equipo ministerial encargado de la conducción comunitaria de la pastoral, proponer un itinerario formativo para que la comunidad cristiana conozca el ministerio diaconal y lo promueva entre los propios miembros de la comunidad. Se pueden enfocar varios frentes en los cuales trabajar:

1. Prever una serie de reuniones del consejo pastoral o del equipo ministerial restringido, en las que se discuta sistemáticamente la realidad del diaconado, dentro de una visión amplia de la Iglesia y de la ministerialidad, favoreciendo el crecimiento de relaciones fraternas y cordiales, a la vez que se intercambian ideas y contenidos teológicos y pastorales. Es necesario que participen los diáconos presentes y, si no lo están, que se invite alguna vez a algún diácono a contar su experiencia.

2. Organizar una serie de 4-5 catequesis abiertas a todos, en las que se proponga un camino de profundización sobre la diaconía de la Iglesia:
   » Lectio divina sobre la figura de Cristo Siervo (por ejemplo, sobre Flp 2,5-11 o sobre Jn 13,1-13).
   » Profundizaciòn sobre el rostro de la Iglesia sierva y sobre la dimensión bautismal de la diaconía común a partir de *Lumen gentium* y *Gaudium et spes*.
   » Catequesis sobre el ministerio ordenado desde una perspectiva sinodal, considerando la relación entre obispos, presbíteros y diáconos.

» Propuestas para la concreción del ministerio diaconal a partir de la *Evangelii gaudium* y en diálogo con la realidad del territorio en el que vive la parroquia.

3. Activar una intensa campaña de oración por las vocaciones diaconales, aprovechando la práctica ordinaria de la comunidad (p. ej.: rosario diario, intenciones en la misa dominical, reuniones de los grupos parroquiales...) y, en particular, algunos momentos fuertes del año litúrgico, relacionados con la dimensión diaconal de la Iglesia (p. ej.: solemnidad de Cristo Rey del Universo; celebración del Jueves Santo en el lavatorio de los pies; Jornada Mundial de Oración por las Vocaciones; Jornada Mundial de los Pobres; etc.).

4. Organizar encuentros específicos de promoción y animación vocacional sobre la dimensión del servicio para adolescentes y jóvenes, poniendo de relieve las realidades del territorio (por ejemplo, residencias de ancianos, servicios para emigrantes, comedores sociales, etc.), previendo antes o después de la experiencia un testimonio de diáconos (si los hay) o previendo la presentación de esta figura como vocación específica en la Iglesia.

3.2. Segunda Propuesta

Para una diócesis o un vicariato/decanato

» Realizar una encuesta/mapeo de la presencia de los diáconos en el tejido de nuestras comunidades, a partir de un cuestionario que ayude a contrastar la propuesta teológica sugerida por este *Cuadernillo* con la realidad eclesial en la que vivimos.

» Proponer, luego, una lectura crítica de los resultados, en la que participen equipos especializados, apuntando a desarrollar las potencialidades existentes.

» Prever un retorno a la comunidad cristiana local, con vistas a preguntarse cómo potenciar y mejorar la promoción y formación del diaconado en nuestra Iglesia particular.

BIBLIOGRAFÍA
BÁSICA

Escanea este código QR
para acceder a la Biblioteca
de Sinodalidad.

BORRAS A., *Diaconato, vittima della sua novità?*, EDB, Bologna 2008.

IBID., *El diaconado, hoy: los mayores obstáculos a su perceptiblidad. Seminarios sobre los ministerios en la Iglesia* (2005), *51*(176), 243-258: <https://doi.org/10.52039/seminarios.v51i176.719>.

BORRAS A. – POTTIER B, *La grazia del diaconato. Questioni attuali a proposito del diaconato latino*, Cittadella Editrice, Assisi 2005.

CORPAS DE POSADA I., *¿Ordenación de mujeres?: Un aporte al debate desde la eclesiología de Vaticano II y la teología feminista latinoamericana*, Ed. kindle (free).

DURAN Y DURAN J., *Diaconato permanente e ministèrio da caridade*, Ed. Loyola, Sao Paulo 2003.

GARBINETTO L., *Preti e diaconi insieme. Per una nuova immagine di ministri nella Chiesa*, EDB, Bologna 2018.

IBID., *Diaconi in una Chiesa sinodale*, ISG Edizioni, Vicenza 2023.

GOEDERT V. M., *El diaconado permanente. Perspectivas teològico-pastorales*, CELAM, Santafé de Bogotá 2000.

MACY G. – DITEWOG W. T. – ZAGANO PH., *Women Deacons. Past, Present, Future*, Paulist Press, Mahwah (NY) 2011 [*Mulheres Diáconos: Passado, Presente, Futuro*, Paulinas, Lisboa 2019].

MARTÍNEZ CANO S. – SOTO VARELA C. (eds.), *Mujeres y diaconado. Sobre los ministerios en la Iglesia*, Editorial Verbo Divino, Estella 2019.

MESA ANGULO J.G., *Diaconado: orden y ministerio. Perspectiva teológica desde Lumen gentium 29*, Ed. USTA, Bogotá 2020.

NOCETI S., "Mujeres y ministerio diaconal. Un ministerio posible para una nueva Iglesia", *Iglesia viva* 52 (2018) 274, 45-61.

NOCETI S. (ed.), *Diáconas. Un ministerio de la mujer en la Iglesia*, Sal Terrae, Santander 2017.

PETROLINO E. (ed.), *Nuovo Enchiridion sul diaconato. Le fonti e i documenti ufficiali della Chiesa*, Libreria Editrice Vaticana, Roma 2016.

SIMONELLI C. – SCIMMI M., *¿Mujeres diácono? El futuro en juego,* San Pablo, Madrid 2019.

VILLALBA NOGALES J., *Diaconado permanente: Signos de una Iglesia servidora*, San Pablo, Madrid 2017.

VITALI D., *Diaconi: che fare?*, Ed. San Paolo, Cinisello Balsamo (MI) 2019.

ÚNETE A LA
"RED DE EXPERIENCIAS Y PRÁCTICAS SINODALES"

Hemos creado la "**Red de Experiencias y Prácticas Sinodales**", un espacio destinado a compartir y celebrar las búsquedas y aprendizajes de cada comunidad. Este es un lugar donde podemos inspirarnos mutuamente, contagiarnos de esperanza y motivarnos a seguir avanzando.

En esta red, todos podemos aportar y aprender. Queremos escuchar tu voz y conocer las prácticas sinodales que has implementado en tu comunidad. Ya sea una pequeña iniciativa local o un proyecto más amplio, cada experiencia tiene el potencial de enriquecer a otros y de impulsar aún más el camino sinodal.

Te invitamos a unirte a esta red de intercambio y apoyo mutuo. Escanea el código QR y comparte tu experiencia completando el formulario. Tu historia puede ser el aliento que otra comunidad necesita para continuar su propio camino de renovación.